*****

*****

*****

*****

*****

*****

*****

*****

*****

*****

*****

*****

*****

*****

*****

*****

*****

*****

*****

*****

*****

*****

*****

*****

*****

*****

*****

*****

*****

*****

*****

*****

*****

*****

*****

*****

*****

*****

*****

*****

*****

*****

*****

*****

*****

*****

*****

*****

*****

*****

*****

*****

*****

*****

*****

*****

*****

*****

*****

*****

*****

*****

*****

*****

*****

*****

*****

*****

*****

*****

*****

*****

*****

*****

*****

*****

*****

*****

*****

*****

*****

*****

*****

*****

*****

*****

*****

*****

*****

*****

*****

*****

*****

*****

*****

*****

*****

*****

*****

*****

*****

*****

*****

*****

*****

*****

*****

*****

*****

*****

*****

*****

*****

*****

*****

*****

*****

*****

*****

*****

*****

*****

*****

*****

*****

*****

*****

*****

*****

*****

*****

*****

*****

*****

*****

*****

*****

*****

*****

*****

*****

*****

*****

*****

*****

*****

*****

*****

*****

*****

*****

www.ingramcontent.com/pod-product-compliance
Lightning Source LLC
Chambersburg PA
CBHW072131280526
45788CB00002B/594
9781546438656